литература
КИРИЛЛИЦА
написание
чтение
фантастика
мир
свет кириллица
мир
написание
чтение
світ
ΓΡΑΦΗ
كتابة
العربية
فارسی
ارسال
سلام
मैं लिखने
ABC
เขียน
การอ่าน
我的
看报纸
글자
alphabet
latin
abc
alfabeto
latino

글 **로익 르 갈**

프랑스에서 태어나, 15년 넘게 프랑스와 모로코에서 캘리그래피와 타이포그래피를 가르쳤어요. 여러 출판사와 기관에서 전시 배경 미술과 포스터, 연극, 축제 프로그램을 담당하는 그래픽 디자이너로도 활동하고 있어요. 저자가 수많은 자료에 근거해 흥미롭고 재미있는 이야기로 풀어낸 이 책은 어린이뿐만 아니라 어른들도 빠져들 거예요.

그림 **카린 맹상**

프랑스에서 태어나, 그래픽 디자이너로 활동했어요. 그래픽과 일러스트레이션 스튜디오를 이끌면서, 어린이를 위한 워크숍을 진행하고 있어요. 늘 변함없는 재창조 능력을 보여 주는 그림 작가예요. 이 책은 다양한 색을 조화롭게 표현하여 각각의 문자와 당대 문화에 맞는 분위기를 살려 내려 애썼어요. 특히 글 작가와 오랜 시간 함께 의견을 교류하고 토의하면서 심혈을 기울였어요.

옮김 **양진희**

연세대학교에서 불어불문학을 공부하고, 프랑스 파리 소르본 대학에서 불어학 박사 과정을 수료했어요. 프랑스 어린이책을 우리말로 옮기는 작업을 좋아하지요. 옮긴 책으로 『새똥과 전쟁』, 『크록텔레 가족』, 『자유가 뭐예요?』, 『여섯 개의 점 : 점자를 만든 눈먼 소년 루이 브라유 이야기』, 『나는 반대합니다』, 『세상을 바꾼 호기심』 등이 있어요.

감수 **장영준**

고려대학교에서 영어영문학을 공부하고, 하버드대학교에서 언어학 박사 학위를 받았어요. 한국언어학회에서 발행하는 잡지 〈언어〉의 편집위원장으로 활동했어요. 지은 책으로 『자신만만 수학 괴물, 찰리와 누메로』, 『그램그램 영문법 원정대』 등이 있고, 옮긴 책으로는 『촘스키의 통사 구조』, 『촘스키, 러셀을 말하다』 등이 있어요.

인류는 어쩌다 문자를 만들었을까?

놀라운 문자의 역사

로익 르 갈 글 | 카린 맹상 그림 | 양진희 옮김 | 장영준 감수

도서출판 키움

갈대 펜
스타일러스
못
금속 펜
붓
스탬프
끌
볼펜
스마트폰
솔
연필
거위 깃펜
자판
에어브러시

우리는 처음에 몸짓으로 말을 해요.
그러다가 손가락, 막대기, 볼펜, 자판 등으로
내 생각, 내 경험, 내가 들은 이야기들을 표현하지요.
땅 위나 벽에, 혹은 종이나 화면에다
그림을 그리거나 글을 쓰면서요.

새 기호나 글자는 따라서 쓰고 읽어 봐요.
어떤 뜻인지 헤아리고 이해하면서 내 생각을
한 줄의 문장으로, 한 장의 글로 풀어 내지요.
정말 멋진 도전이고, 대단한 모험이에요!

내 이름도 쓰고 문자 메시지도 보내고,
편지, 시, 소설, 일기도 써요.
계약서, 기도문, 법조문도 쓰고, 사전도 만들 수 있지요.

나만의 글도 써요.
나를 표현하는 글, 내가 상상한 것.
모두 쓸 수 있어요.
글을 쓰면, 모든 이야기가 시작돼요.

글을 읽고 쓰는 데 꼭 필요한 문자!
문자는 인류가 만들어 낸 아주 훌륭한 업적이랍니다.

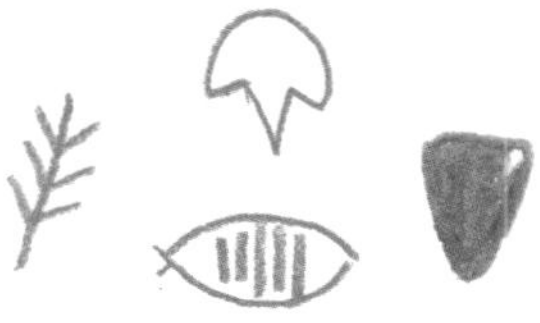

차례

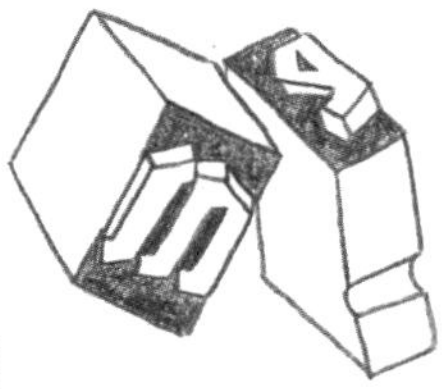

L'AURORE

문자가 없던 선사 시대

우리는 흔히 문자가 '발명'되었다고 말해요.
이전에는 없다가 갑자기 생겨난 것처럼요.
하지만 사실 문자는, 어느 날 갑자기 발명된 게 아니랍니다.

선사 시대(문자가 없던 시기) 사람들은 동굴 벽에
들소, 매머드, 사자 그림뿐 아니라
점, 원, 십자가 같은 다양한 기호를 남겼어요.
왜 이런 그림과 기호를 그렸을까요?
주술이나 종교와 관련된 걸까요?

문자는 끊임없이 재창조되고 변하지만,
선사 시대의 그림이나 기호를 문자라고 할 순 없어요.
집단의 생각이나 느낌을 분명히 표현할 수 없을뿐더러
말을 그대로 옮겨 적을 만한 상징체계가 없기 때문이지요.
하지만 아무런 의미도 없는 건 아니에요.
문자의 역사를 알아보는 중요한 자료가 되니까요.

약 25,000년 전, 사람들은 동굴 벽에 손을 대고 흰색, 빨간색,
밤색 등의 염료를 뿌리는 스텐실 기법을 사용해 벽화를 그렸어요.
간혹 손가락 한두 개가 잘린 것처럼 보이는 그림도 있는데,
아마도 손가락을 구부린 모양이 아닐까 해요.
역사가들은 이 손가락 그림을 선사 시대 사람들이
사냥할 때 쓰던 암호로 추정해요.

최근 캐나다의 한 연구원이 유럽 전역에 있는 50여 개의
선사 시대 동굴 벽화를 연구했어요. 놀랍게도 서로 다른
동굴에서 32개의 기호가 똑같다는 걸 찾아냈지요.
과연 이 기호는 어떤 의미로 쓰였을까요?
이 발견은 학자들의 호기심을 불러일으켰답니다.

갈대로 쓴 최초의 문자

설형 문자

메소포타미아는 두 개의 강, 즉 티그리스강과 유프라테스강 사이에 있는 땅이에요. 두 강이 만나는 하류는 강물이 자주 흘러넘쳐 강가에는 진흙이 쌓였고, 갈대가 잘 자랐어요. 필경사가 글씨를 쓰는 데 필요한 최적의 요건을 두루 갖추고 있었지요.

지금으로부터 5,000년도 훨씬 전에,
메소포타미아(지금의 이라크 남부)에 있는
수메르라는 지역으로 가 볼까요?
수메르인들은 물건을 사고팔거나 결혼을 약속할 때,
신에게 기도문을 올릴 때, 전쟁에서 승리할 때처럼
중요한 사건이나 계약을 할 때 기록하기를 원했어요.
그래서 진흙으로 만든 작고 반질반질한 점토판 위에
한쪽 끝을 뾰족하게 다듬은 갈대 펜으로
기호를 새겨 간직했답니다.

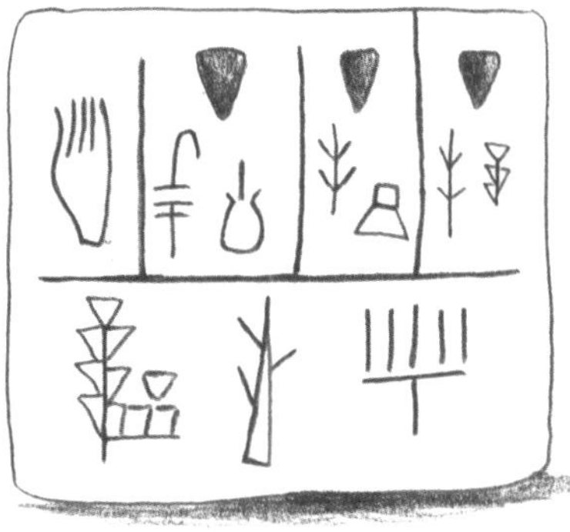

하지만 젖은 점토판에 똑같은 기호를
수없이 반복하며 새겨 넣는 작업은
그리 쉬운 일이 아니었어요.
필경사들은 곡선을 직선으로 그리기 시작했고,
차츰 삼각형 모양으로 바꿔 그렸지요.
이렇게 해서 탄생한 세계 최초의 문자인 설형 문자는
문자의 생김새가 꼭 쐐기(목공소에서 쓰는 뾰족한 나무못)를
닮았다고 해서 쐐기 문자라고도 불려요.
점토판 위에 뾰족한 갈대 펜으로 문자를 기록하며
수메르인들은 문자 역사의 첫 장을 열었답니다.

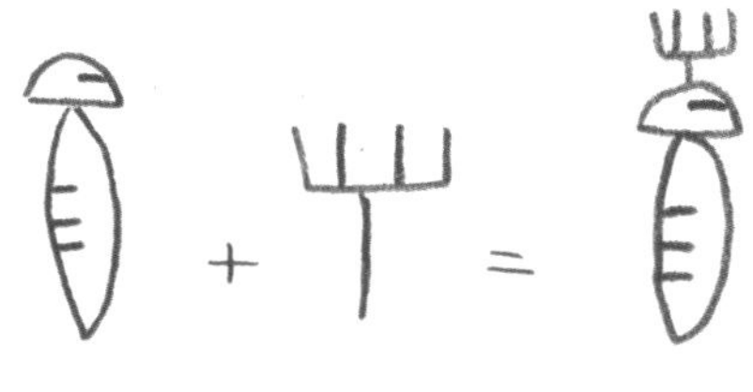

고대 이집트의 신성한 문자

상형 문자

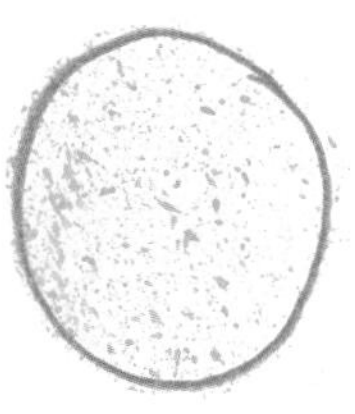

기원전 3000년경, 고대 이집트인들은 사물의 모양을 본떠 만든 글자인 상형 문자를 사용했어요. 이집트인들은 사후 세계를 믿었기 때문에 문자에도 생명이 깃들어 있다고 생각했지요. 그래서 뱀을 나타내는 글자를 표현할 때 뱀의 머리 부분을 잘라 냈어요. 뱀이 물지 못하도록 말이죠.

고대 이집트 상형 문자는 마치 그림 수수께끼처럼, 나타내고자 하는 대상이나 사물을 그림으로 정확하게 표현했어요. 동시에 소리도 나타낼 수 있었지요. 보통 신전의 기둥이나 벽면에 새겨진 고대 이집트 상형 문자는 신들의 언어, 성스러운 기호로 여겨 '신성 문자'라고도 불렸답니다.

고대 이집트에서 필경사들은 매우 권위 있는 사회 계층이었어요. 왕은 스스로를 신이라 여겨서 쓰기, 읽기, 산수 등을 배우려 하지 않았기 때문에 글을 읽고 쓸 줄 아는 필경사의 위세는 왕만큼 대단했지요. 필경사들은 돌에 상형 문자를 새겨 넣기도 했지만, 훨씬 부드럽고 질이 좋으며 다루기 쉬운 파피루스에 보다 빨리 기록하기를 원했어요. 그래서 빠르게 흘려 쓸 수 있는 신관 문자를 개발했고, 이보다 더 단순해진 민중 문자도 만들었지요.

매우 복잡하고 불가사의한 기호로 이루어진 이집트 상형 문자는 이집트가 멸망하는 바람에 오랫동안 수수께끼로 남아 있었어요. 하지만 19세기에 프랑스의 학자 샹폴리옹이 로제타석에 새겨진 고대 이집트 상형 문자를 해독하면서 수수께끼가 풀렸지요. 비문에는 같은 내용이 세 가지 문자(고대 이집트 상형 문자, 민중 문자, 그리스 문자)로 새겨져 있는데, 샹폴리옹은 그리스 문자를 바탕으로 고대 이집트 문자를 해독하는 데 성공했어요. 로제타석은 런던 대영박물관에 전시되어 있어요.

고대에, 중국도 문자를 만들었어요.
중국은 종이도 발명했으며,
중국의 잉크(먹)는 아주 유명하지요.
중국에서 가장 오래된 문자의 흔적은
고대 은나라 때, 거북의 등딱지에 새겼던
신비로운 갑골문에서 찾을 수 있어요.
이 갑골문이 현재 중국인들의 문자인
한자의 원형이랍니다.
한자는 한 글자가 언어의 소리와 상관없이
일정한 뜻을 나타내는 표의 문자예요.
중국은 거대한 제국인 만큼 100개가 넘는
언어를 사용하지만, 문자는 한자로 통일해 쓰지요.
한자를 제대로 읽으려면 수천 개의 한자를
구별할 수 있어야 하는데,
여섯 살 아이가 간단한 문장을 읽기 위해서는
약 2,000자 정도의 한자를 알아야 해요.
한자의 글꼴은 기원전 200년 전인 한나라 때
완성되었어요. 한자는 전쟁과 정복을 거듭하면서
주변국들에 전파되었고, 한자 문화권을
형성했답니다.

중국은 종이를 발명해 사용하면서 종이 제조 비법을
비밀에 부쳤어요. 종이 제조법은 8세기가 지나서야
아랍 세계에 널리 퍼졌고, 유럽 전역에는
13세기 무렵에 보급되었답니다.

뜻을 담은 표의 문자 **한자**

雨 (비)	+	衣 (옷)	=	雨衣 (비옷)
雨 (비)	+	路 (길)	=	露 (이슬)
雨 (비)	+	彐 (손)	=	雪 (눈)

행복 복

한자는 부수를 합쳐 새로운 뜻을 나타내는 글자를 만들 수 있어요.
나무를 뜻하는 木(나무 목)을 두 번 쓰면 林(수풀 림)이 되고,
세 번 쓰면 森(나무 빽빽할 삼)이 되지요.
복을 뜻하는 福(행복 복)은 제사 음식이 차려진 제사상을 뜻하는
示(보일 시)에 가득찬 술을 뜻하는 畐(술 가득찰 복)이 합쳐진 글자로,
신에게 정성껏 제사를 지내 복을 바란다는 뜻을 나타낸답니다.
이슬을 뜻하는 露(이슬 로)는 雨(비 우)와 路(길 로)가 합쳐져
길 위에 맺힌 물방울을 나타내지요.
이렇게 한자는 글자가 만들어진
원리를 알면 단어의 뜻을
이해할 수 있답니다.

소리를 표시하는 표음 문자

페니키아 알파벳

기원전 2000년경, 시나이반도와 팔레스타인 지역에서
문자의 혁명이 일어나기 시작했어요.
하나의 기호가 하나의 소리를 갖게 된 거예요.

기원전 1200년경, 지금의 레바논 지역에 살던 페니키아인들은
바다의 왕이었어요. 지중해 연안에서 여러 민족과 무역 활동을 펼치며 다양한 외국어를 듣고 이해해야 했지요.
페니키아인들은 새로운 물건과 생각을 어떻게 썼을까요?

원리는 아주 간단했어요. 당시 페니키아인들은
소를 '알레프[aleph]'라 말하고 암소 머리처럼 생긴 기호로 썼어요.
집은 '베트[bet]'라 말하고 집 모양 기호로 썼지요.
페니키아인들은 생각했어요. 그럼,
[a] 소리는 암소 머리 모양 기호로,
[b] 소리는 집 모양 기호로 쓰면 어떨까?
하나의 소리에 하나의 문자 기호를 연결하는 거예요!
이렇게 페니키아인들은 복잡한 그림 대신에 각각의 소리에 맞는
22개의 기호를 사용해 모든 소리를 나타냈어요. 페니키아 문자는
인류가 사용한 최초의 알파벳(표음 문자)이라고 할 수 있답니다.

페니키아 문자는 해상 교역으로 이동이 많았던
페니키아인들 덕분에 지중해 여러 지역으로 퍼져 나갔어요.
서쪽으로는 그리스 문자를 거쳐 라틴 문자(로마자)로 이어졌고,
동쪽으로는 아람 문자를 거쳐 히브리 문자, 아랍 문자 등에
영향을 끼쳤지요. 각 민족은 자기들의 언어에 맞게
페니키아 문자를 변형해서 사용했답니다.
페니키아 문자는 이전의 문자처럼
사물의 모양을 닮았어요.

기하학과 민주주의 그리스 문자

고대 그리스인들은 페니키아인들과 교류하면서 기원전 9세기부터 페니키아 문자를 받아들였어요. 자음으로만 이루어진 페니키아 문자에 모음을 합쳐 쓰기 시작했지요. 기하학을 좋아했던 그리스인들은 문자를 쓸 때도 조금 특이했어요. 첫째 줄은 오른쪽에서 왼쪽으로, 둘째 줄은 왼쪽에서 오른쪽으로, 셋째 줄은 다시 오른쪽에서 왼쪽으로 썼거든요. 소가 밭을 갈 때 오른쪽에서 왼쪽으로 갔다가 방향을 바꿔 다시 왼쪽에서 오른쪽으로 바꿔 가는 것처럼요.

나중에 가로쓰기는 왼쪽에서 오른쪽으로 정해졌어요. 단어는 점을 찍어 구분하다가 점차 단어 사이를 띄어 써서 구분했답니다.

왼 쪽 에 서 오 른 쪽 으 로
오 른 쪽 에 서 왼 쪽 으 로
밭 을 가 는 암 소 처 럼
왔 다 갔 다 엇 바 꿔 쓰 기

문자의 발달은 민주주의를 확립하는 데 매우 중요해요.
시민의 권리나 의무와 같은 법령들을 그리스의 비석에 새기자, 특정 계층뿐만 아니라
문자를 모르는 일반 시민들까지 자유롭게 접근하며 정보를 공유할 수 있게 되었거든요.

유대인의 신성한 문자

히브리 문자

히브리어로 율법을 뜻하는 토라는 유대교에서 가장 중요한 경전이에요. 유대인들은 어린이들에게 종교 교육의 하나로, 토라의 문구를 읽고 따라 쓰게 하지요. 토라는 양피지 두루마리에 쓰여 있는데, 너무 닳거나 훼손되면 땅에 묻어요. 마치 사람이 죽으면 장사지내는 것처럼요.

아람인들과 히브리인들도 페니키아 문자의 영향을 받아 오른쪽에서 왼쪽으로 글을 썼어요.
히브리 문자는 유대인들이 성서를 교육하고 전하는 데 사용했어요. 유대인들은 히브리 문자를 신성시했지요.
신의 말씀은 율법책을 통해서 전해졌어요. 함부로 신의 이름을 말할 수도 없었고, 글로 쓸 때도 야훼(YHWH)라고만 써야 했지요.
유대교는 우상 숭배를 금지했기 때문에 어떠한 조각상도, 그림도 허용하지 않았거든요.
히브리 문자는 문자마다 마치 암호처럼 숫자 값을 갖고 있어요.
이 숫자로 단어의 뜻을 풀어 히브리 성서를 해석하는 방법을 게마트리아라고 하는데, 세상 모든 일을 이해하는 열쇠라고 할 수 있지요. 물론 전문가들만이 풀 수 있지만요.

조각상을 만드는 것은 금지되었지만, 유대인들은
아주 작은 글자로 그림을 그리기도 했어요. 글자들을
빼곡하게 선처럼 이어 써서 그림으로 그렸거든요.

지중해를 중심으로 문자가 발달하자, 나라마다 자신들의 언어에 맞는 문자를 개발했어요. 로마 알파벳은 그리스 문자의 영향을 받았답니다. 로마인들은 로마 제국을 다스리기 위해 유럽 전역에 로마 알파벳을 쓰도록 했어요. 로마 알파벳은 트리야누스 황제의 승전 기념비인 '트리야누스 원주'를 보면 알 수 있듯이 기원전 2세기가 되어서야 완벽한 형태를 갖추었지요. 로마 알파벳은 지금껏 크게 변하지 않았어요. 오늘날 우리가 쓰는 알파벳 대문자가 바로 고대 로마 알파벳이거든요.

오늘날 우리가 쓰는 알파벳과 달리 고대 로마 알파벳에는 없는 글자들이 있어요. 바로 J와 U예요. J는 중세 시대 때 생긴 글자로, 모양이 I와 비슷해서 I로 시작하는 단어를 대신해 썼어요. U는 여전히 V와 혼동하는 경우가 많아요. W를 프랑스어에서는 2개의 V라고 해서 더블브이(실제 발음 : 두블르베)라고 부르지만, 영어에서는 2개의 U라고 해서 더블유라고 부른답니다. 단어 wagon은 지역에 따라 봐공[vagon]이라고도 하고, 와공[uagon]이라고 발음하기도 해요.

정복자의 문자

고대 로마 알파벳

1세기경에 받아들인 알파벳 Z는
그리스 문자의 여섯 번째인
Zeta에서 왔어요.
Z를 발음하려면 치아가 보이는데,
로마인들은 그 모습이 꼭
죽은 사람의 표정 같다고 여겨
알파벳의 맨 뒤로 보내 버렸지요.

대문자와 소문자 사이

언설체

로마 제국은 4세기에 기독교를 공식 국교로 정했어요. 필경 수도사들은 수도원에서 묵묵히 인내하며 복음서와 성서 구절을 베껴 썼지요. 필경사는 거친 재질의 파피루스가 아니라 송아지 가죽으로 만든 귀하고 부드러운 양피지에 글을 썼어요. 쉬지 않고 손을 움직이며 쓰다 보니 획수가 많고 각진 모양의 고대 로마 알파벳(대문자)은 조금씩 둥근 곡선의 형태로 바뀌었어요.
이 서체를 언셜체라고 하는데, 대문자 E는 둥근 형태로 바뀌면서 소문자 e와 비슷해졌고, D와 M의 형태도 둥근 모양으로 변했답니다.

14세기 아일랜드에서 사용하던 언셜체는 로마 언셜체에 뿌리를 둔 것 같아요.
오늘날에도 언셜체는 켈트족의 토박이들이 사용하는 글자체에 고스란히 남아 있지요.
프랑스 브르타뉴 지방의 크레이프 가게 간판에서도 언셜체를 볼 수 있어요.

이슬람의 궁전이나 모스크 등의 건축물을 보면 기호 같기도 하고 도형 같기도 한 기하학무늬를 만날 수 있어요. 바로 아랍 문자로 쓰인 코란 문구예요. 이 문구는 가장 인기 있는 서체인 쿠파체로 쓰여 있어요. 오른쪽 그림 속 문구를 해석하면, '은총과 자비가 충만하신 하느님'이랍니다.

우아한 아라베스크

아랍 문자

6세기경, 이슬람교가 생기기 바로 전에 지중해의 또 다른 지역에서 아랍 문자가 탄생했어요. 아랍 문자는 이슬람 문화의 중심에 있었지요. 이슬람교를 믿는 아랍인들은 아랍 문자를 알라신의 말씀을 전하는 매개체라고 생각했어요. 아랍 문자는 이슬람교 경전인 코란뿐 아니라 이슬람 건축물이나 접시, 양탄자, 보석 같은 공예품에서 두루 볼 수 있었어요. 특히 우상 숭배에 어긋나지 않는 식물, 아랍 문자, 추상적 요소를 아름다운 기하학 문양으로 만들어 장식했는데, 이 아랍풍의 독특한 장식을 '아라베스크'라고 해요. 아랍 문자는 종교와 상업이 발달하자 사하라 사막에서 아시아 여러 지역까지 널리 전파되었어요. 이란의 페르시아어, 파키스탄의 우르두어같이 아랍어를 사용하지 않는 지역에서도 아랍 문자를 사용했지요. 터키어의 경우엔 1928년까지 아랍 문자를 사용했어요.

아랍 문자는 같은 글자라도 어느 자리에 위치하느냐에 따라 글자의 형태가 달라졌어요. 필경사는 문자를 조합할 때마다 다양한 형태로 새롭게 꾸밀 수 있었지요.

우상 숭배를 금지하는 이슬람 문화에서는 살아 있는 사람이나 동물을 그리는 것을 상당히 경계했어요. 그래서 이슬람 미술에서는 그림보다는 아랍 문자를 장식하며 새롭게 꾸미는 이슬람 서체(캘리그래피)가 급속도로 발전할 수 있었지요. 이슬람 서체는 예술의 중요한 요소가 되었답니다.

히브리 문자와 아랍 문자는 뿌리가 같아요. 두 언어 모두 오른쪽에서 왼쪽으로 쓰고, 자음으로만 표기하지요. '평화'를 뜻하는 히브리어 '살롬'은 아랍어로는 '살람'으로 다르게 발음하지만, 글로 쓸 때는 둘 다 slm이라고 써요.

샤를마뉴의 소문자

알파벳 소문자

9세기 유럽에서는 샤를마뉴가 대제국을 건설했어요.
모든 문서나 성서는 고대 로마 알파벳으로 적었지만,
문자의 모양과 표기법이 지역마다 달랐어요.
더구나 띄어쓰기도 없고 구두점도 사용하지 않았기 때문에
글을 읽기가 무척 힘들었지요.
필경사들은 많은 사람이 쉽게 읽을 수 있도록
표준화된 문자 체계가 필요하다고 생각했어요.
그러자 샤를마뉴는 로마 알파벳보다 크기는 작지만
빠르게 쓸 수 있는 글자를 만들어 사용하게 했어요.
언셜체보다 작고 둥글고 단순한 이 서체가 바로,
우리가 알고 있는 알파벳 소문자예요.
샤를마뉴가 통치하던 시절에 썼기 때문에
카롤링거 소문자라고도 불렸어요. 샤를마뉴를
라틴어로 발음하면 '카롤루스 마그누스'라고 하거든요.
문장이나 문단을 시작할 때는 이전에 쓰던 대문자를 썼어요.

?

의문문의 끝에 쓰는 문장 기호 물음표는 프랑스 코르비에 사는 필경 수도사 일드마르가 처음 썼다고 해요.

&

우리가 자주 사용하는 앤드 기호 &의 이름은 앰퍼샌드예요. 'and'라는 알파벳을 줄인 형태로, 라틴어 'et'에서 유래되었답니다. 이 기호는 e와 t가 결합해서 쓰이다가 카롤링거 소문자가 등장하고 인쇄술이 발전하면서 점차 기호로 자리 잡았지요.

글자 폭을 좁혀 촘촘하게

고딕체

중세 시대에 들어서자, 문자로 기록하는 글의 종류는 더욱 다양해졌어요. 종교 문서는 물론 법전이나 역사서, 설화, 시까지 폭넓게 기록했지요. 이 시기에는 주로 고딕 양식의 건축물을 지었는데, 글자의 모양도 차츰 길쭉하고 뾰족해졌어요. 대성당 천장 모양처럼 곡선이 꺾이듯 글자 끝을 꺾어 썼지요. 또한 값비싼 양피지에 글을 썼기 때문에 양피지 한 면에 들어가는 글자 수를 늘리려면 글자의 간격을 좁혀야 했어요. 이렇게 만들어진 서체가 바로 고딕체랍니다.
고딕체는 '텍스투라'라는 이름으로 불리기도 했어요.
검은색 글자가 일정한 간격으로 촘촘하게 나열된 모습이 마치 검은색 직물의 결을 보는 것과 같았기 때문이지요.

글자들이 노래해요

그리스인들은 네우마라 불리는 작은 기호로 음악을 기록했어요. 초기의 네우마는 점 또는 짧은 선이나 곡선처럼 생겼는데, 정확한 음높이까지는 아니어도, 음이 올라가거나 내려가는 선율을 나타냈지요. 중세 시대에 이르러 음악 표기법이 복잡해지면서, 네우마 기호도 사각형으로 바뀌었어요. 사각 음표는 둥근 모양으로 바뀌었고, 19세기에 이르러서야 음악 기호의 체계가 완성되었답니다.
라틴 민족 국가의 '솔' 음은 영어권과 독일어권 국가의 문자 G에 해당돼요. G의 고딕 형태에서 높은음자리표가 탄생했지요. 음표와 기호를 사용하면서 음악 작품은 오랫동안 보존되었고, 한 음 한 음 정확하게 연주할 수 있게 되었어요.

minimum

I 위에 점을 콕!

구별하기 어려운 글자를 읽을 때마다 헷갈렸어요. 기준을 세울 필요가 있었지요. 글자 위에 짧은 선을 긋던 습관 대신에 점을 콕 찍자, 알아보기 쉬워졌답니다.

채색 필사본

중세 시대의 책은 수도원에서 필경 수도사의 손을 거쳐 만들어졌어요. 필경 수도사들은 값비싼 양피지에 이니셜이나 세밀화 등 화려한 장식을 그려 넣어 아름답게 꾸민 필사본 성경을 만들었는데, 이를 채색 필사본이라고 해요.
중요한 부분은 붉은색으로 쓰고, 문장의 첫 글자는 훨씬 크고 화려하게 장식해 강조했지요.
당시에 책은 채색 필사본처럼 화려해야 내용도 훌륭하다고 생각했기 때문에 채색 장식 예술은 더욱 발달했어요.
더구나 채색 필사본은 특권층인 왕족이나 귀족, 성직자들만이 소유할 수 있는 귀한 물건으로, 부와 권력을 과시하는 최고의 사치품이었어요. 전문 장인들의 손을 거쳐, 금이나 진주, 상아, 고급 안료 등 최고급 재료로 만들어야 했기 때문이지요.
지위가 높은 귀족이 아니면 살 수 없었답니다.
중세의 채색 필사본 중 〈베리 공작의 매우 화려한 기도서〉는 채색 필사본의 제왕으로 불릴 만큼 화려하고 아름다워요.
크기가 아주 작아 어디든 가지고 다닐 수 있는 기도서로, 하루 중 정해진 기도 시간에 낭독해야 했지요.

여백을 채우는 화려한 장식

유용한 장식

화려한 채색 장식은 독자의 눈을 즐겁게 해 주고,
여백은 독자가 집중해서 글을 읽도록 도와줘요.
본문의 첫 번째 글자는 뒤엉킨 식물과 아름다운 꽃, 때로는
환상 세계에 살 것만 같은 동물과 괴물로 장식했는데,
독자는 이 글자만 보고도 이 이야기가 사냥 이야기인지,
전쟁 이야기인지 알 수 있었지요.
첫 번째 문장은 언셜체를 사용해 조금 더 크게 썼어요.

구텐베르크의 인쇄 혁명

금속 활자

15세기 초, 책을 찾는 사람들이 점점 늘어났어요. 하지만 한 글자만 잘못 되어도 판 전체를 갈아야 했던 기존의 목판 인쇄 방식으로는 책의 수요를 감당하기가 벅찼지요. 이때, 독일 마인츠에서 태어난 구텐베르크가 금속 활자를 발명해 역사의 흐름을 바꿔 놓았어요. 틀린 글자만 바꿔 끼우면 거의 무한대로 판을 다시 짤 수 있으니, 그야말로 인쇄술의 혁신이었지요! 또, 금속 활자에 알맞게 금방 마르지 않으면서도 번지지 않는 유성 잉크도 개발했어요.
구텐베르크는 30년 가까이 자신의 전 재산을 들여 인쇄술을 연구하는 데 매진했답니다. 1450년경에는 성서 200여 부를 인쇄했는데, 그중 일부는 값비싼 양피지에 인쇄하고, 나머지는 종이에 인쇄했지요.
비록 구텐베르크는 파산하고 말았지만, 구텐베르크가 죽은 후 유럽 전역에는 빠르게 인쇄소가 생겨났답니다.

활자 상자

활자 인쇄를 할 때 대문자, 소문자, 숫자, 기호 등 다양한 활자들이 뒤섞이면 큰일 난답니다. 활자들은 활자 상자에 가지런히 정리해 두는데, 자주 사용하는 소문자는 손이 잘 닿는 아래쪽에, 대문자는 위쪽에 놓지요. 활자는 인쇄 방향을 고려해 오른쪽에서 왼쪽으로 놓아요.

프랑스의 르네상스

16세기에 들어서자, 유럽의 근본 사상이 바뀌기 시작했어요.
대서양 저편에서 신대륙이 발견되고 인쇄술이 발달하면서
사람들이 쉽게 책을 접하게 되었어요.
새로운 지식도 곳곳으로 확산되었지요. 과학이 발전하면서
사람들은 점차 신이 모든 것의 중심이라는 생각에서 벗어났어요.
자연과 인간의 아름다움에 주목하기 시작한 거예요.
이것이 바로 르네상스 운동이랍니다.
프랑스인들은 라틴어와 고딕 문자에 싫증이 났어요.
좀 더 프랑스어를 온전히 표현할 문자를 쓰고 싶어 했지요.
1539년 프랑스 국왕인 프랑수아 1세가 나서서 행정 문서를
라틴어 대신 프랑스어로 기록하라고 명령했어요.
프랑수아 1세는 한 해 전에 이미 왕실에 인쇄소를 세웠는데,
왕실 인쇄업자인 조프루아 토리는 당대 작가나 시인들과
가까이 지내면서 악센트, 아포스트로피, 세디유 등의
사용을 장려했어요.
샤를마뉴 시절부터 마침표, 쉼표, 물음표만 있던 문장 부호에
느낌표가 새롭게 등장했지요. 인간의 감정을 보다 다양하게
표현할 수 있게 된 거예요!

깃펜의 역습

책이 대량으로 인쇄소에서 제작되자,
손으로 쓸 일은 줄어들 거라 예상했어요.
하지만 편지, 증서, 외교 문서, 왕의 명령,
교황의 교서 등은 변함없이 손으로 썼지요.
이런 문서들을 쓸 때는 글씨를 아름답게
잘 쓰는 명필가의 도움을 받았어요.
명필가는 깃펜으로 기교를 부리면서도
빠르고 반듯하게 글자를 썼어요.
i나 j처럼 복잡한 글자, 소용돌이 장식 등도
훌륭하게 그렸지요.
깃펜을 어떻게 잡고 쓰느냐에 따라
글씨도 달라졌어요.
펜을 아래로 내려쓸 땐
손의 힘이 아래로 쏠려 선이 굵어졌고,
펜을 위로 올려 쓸 때는 뾰족한 깃펜이
종이의 결에 걸리지 않도록
손의 힘을 뺐기 때문에
선이 가늘어졌답니다.

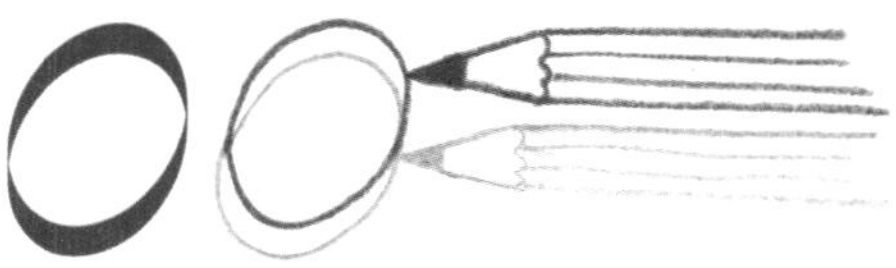

굵은 글씨와 가는 글씨

깃펜을 사용하여 글씨를 쓸 때,
비스듬히 자른 깃펜의 끝이 기울어지는
각도에 따라 글씨의 굵기가 달랐어요.

깃펜이 춤을 출 때

레베랑스는 발레리나가 감사의 마음을 담아
무릎과 상체를 가볍게 숙이는 인사법이에요.
레베랑스가 유행하던 시절, 사람들은 발레리나의
동작을 본떠 그림으로 나타내려고 했어요.
이런 시도는 17세기에 들어서자 피이에 표기법으로
소개되었지요. 20세기에는 루돌프 폰 라반이
신체가 움직이는 원리를 연구하여 보다 정확한
표기법을 완성했어요. 하지만 너무 복잡해서
제대로 읽어 내는 사람이 없었답니다.

Le Petit Journal
SUPPLEMENT LITTERAIRE N° 10
L'AURORE
사랑하는 쥘에게
나는 루와양의 할아버지,
할머니 댁에 잘 도착했어요.
텃밭은
톡
톡
톡
톡
LE XIX
HEURE
LE TOUR DU MONDE

대량 생산 혁명

문자는 시, 소설, 연극, 철학에서부터 신문과 광고까지 점차 영역을 넓혀 두루 쓰였어요. 거리에는 포스터와 표지판이 늘어났지요. 문자는 다양한 분야에서 다양한 형태로 쓰였어요. 타자기와 키보드가 등장하자, 글자는 더 이상 손으로 쓸 필요가 없어졌어요. 자판을 두드리면 원하는 글자가 바로 찍혀 나왔으니까요. 종이 위에 인쇄된다는 건 같아도, 손으로 꾹꾹 눌러쓰던 방식은 기계에 자리를 내주면서 점차 사라졌어요. 인쇄술은 더 좋아지고, 기계화되고 자동화되었답니다. 그리고 얼마 후, 굳이 인쇄하지 않아도 글자는 바로바로 화면에 떴어요! 맨 처음 영화를 시작으로, 텔레비전, 컴퓨터, 전화기에 이르기까지 종이가 아닌 화면에 글자가 표시되었지요. 19세기부터 오늘날까지 놀랄 만큼 눈부신 기술 혁신이 이어져 오고 있답니다.

손으로 읽고 쓰는 글자

점자는 시각 장애인이 볼록 튀어나온 점을 손가락 끝으로 만져서 읽고 쓸 수 있도록 만든 특수 문자예요. 처음에는 프랑스 군인들이 밤에도 말없이 주고받도록 개발한 야간 문자였는데, 맹인학교에 다니던 시각 장애인 루이 브라유가 이 야간 문자를 보완해서 점자 체계를 완성했지요. 1829년에 브라유는 6개의 점만으로 라틴 알파벳, 수학과 음악 기호, 구두점까지 기록했답니다.

ПИ
КР
Я ЛЮ

그리스에서 러시아까지 키릴 문자

유럽의 강대국들이 세계 곳곳에 식민지를 세우고, 미국의 경제력이 막강해지면서 라틴 문자는 더 널리 전파되었어요. 하지만 전 세계를 정복한 건 아니었지요! 오늘날 수억 명의 러시아인이 사용하는 문자는 그리스 문자를 이어받아 변형시킨 키릴 문자예요. 동로마 제국의 선교사였던 키릴 형제가 동유럽의 슬라브족에게 기독교를 전파할 목적으로 글라골 문자를 만들었는데, 이후 그의 제자들이 보다 쉽고 사용하기 편하게 다듬고 발전시켜 키릴 문자를 만들었지요.

1708년 표트르 1세의 문자 개혁과 1917년 11월 혁명 이후 철자법이 개정되면서 키릴 문자도 크게 변했어요. 라틴 문자에 가까운 형태로 단순하게 변했지요. 키릴 문자는 러시아뿐 아니라 동유럽 일대, 남유럽의 세르비아, 북마케도니아, 불가리아 등지에서 사용하고 있어요.

숨 쉬듯 물 흐르듯

일본 문자

일본은 중국에서 건너온 옥새, 동전, 도자기 등을 통해 중국의 표의 문자인 한자를 접했어요. 아직도 일본은 중국의 한자와 비슷한 '간지'를 사용하기도 해요. 하지만 일본은 크게 히라가나와 가타카나라는 두 가지 기호 체계로, 일본 문자 체계를 완성했지요. 히라가나와 가타카나는 한 글자가 하나의 소리를 나타내는 표음 문자예요. 의성어, 의태어, 외래어 등을 적을 때는 주로 가타카나를 사용해요.

붓으로 먹물을 묻혀 글씨를 쓰는 서도는 일본 예술의 핵심이에요. 손끝의 힘으로 아름다움을 표현하면서, 도교 사상을 바탕으로 한 정신세계를 추구하지요. 서도는 남성이나 전문 직업인에게만 허용된 예술이 아니었어요. 황궁에서는 서도에 뛰어난 여성이 많았답니다. 문자를 그림으로 형상화하듯 아름다운 일본의 서도는 지금도 일본의 초등학교와 학원에서 활발하게 이루어지고 있어요.

일본어는 예로부터 위에서 아래로,
오른쪽에서 왼쪽으로 썼어요.
하지만 요즘은 영어나 한글처럼
왼쪽에서 오른쪽으로 쓰는 경우도 많아요.

왕의 문자, 문자의 왕

한글

세종대왕은 백성들이 말은 할 수 있어도
글을 알지 못하는 것을 매우 안타깝게 여겼어요.
어려운 한자를 빌려 쓰는 것도 불편하다고 생각했지요.
세종대왕은 1443년 누구나 쉽게 읽고 쓸 수 있는
우리의 고유 문자이며 표음 문자인 한글을 만들고,
1446년에 '훈민정음'을 반포했지요.
세종대왕은 발음 기관의 모양을 본떠 자음을 만들고,
하늘과 땅과 사람의 모양을 본떠 모음을 만들었어요.
한글은 현재 자음 14자, 모음 10자로 24자만 쓰고 있어요.
한글은 배우기도 쉽고 거의 모든 소리를 정확하게
표기할 수 있어서 세계에서 가장 발달한 음소 문자예요.
대표적인 음소 문자인 라틴 알파벳보다 차원이 높은 문자로
인정받고 있는 데다 세계에서 유일하게 글자를 만든 사람과
만들어진 시기를 정확히 알 수 있는 문자이기도 하지요.
한글은 유네스코에서 우수한 과학성을 인정받아
1997년에 세계기록유산으로 등재되었답니다.

태국, 캄보디아, 버마 등 동남 아시아 나라들도
자신들의 고유 문자를 잘 지키며 살아가고 있어요.
하지만 컴퓨터의 발달과 세계화로 인해 종종 라틴 알파벳을 함께 써야 하지요.

인도인 대다수는
힌디어를 사용하지만,
구자라트어, 텔루구어, 칸나다어,
티베트어 등 다양한 언어를
사용하고 있어요.
영토도 매우 넓고 여러 민족이
모여 살고 있기에 여전히
새로운 언어가 생겨나고 있지요.

글자들이 줄에 대롱대롱

데바나가리 문자

인도인들은 오래전부터 글자를 쓰는 것보다 암송하기를 즐겼어요.
인도의 학자와 역사가들은 경전을 통째로 술술 외웠지요.
암송을 하면 그 말이 생생하게 기억된다고 생각했거든요.
문자는 죽은 말이라면서 믿지 않았답니다.
하지만 인도에는 수백 개의 문자를 쓰고 있어요.
그중 데바나가리 문자를 가장 많이 쓰지요.
신들의 도시를 뜻하는 데바나가리 문자는 인도에서 가장
많이 사용하는 힌디어뿐만 아니라 산스크리트어,
네팔어, 그리고 몇몇 다른 언어들을 표기할 수 있어요.
데바나가리 문자는 하나의 음절을 글자로 완성하는 음절 문자인데,
글자들을 하나로 이어 주는 윗선이 있는 게 특이해요.
마치 빨랫줄에 글자들을 줄줄 매달아
왼쪽에서 오른쪽으로 연결한 것 같지요.

문자는 언어를 지켜요!

문자는 민족의 혼을 담고 있어요. 한 나라의 언어나 문화가 다른 나라에 지배당하거나 탄압받을 때 문자는 언어가 살아남을 수 있도록 저항하는 데 꼭 필요하지요! 아프리카 대륙에서는 신비한 기호와 상징들을 방패나 가면, 집 안에 숨겨 두어요. 사람들은 아프리카에는 고유 문자가 없다고 생각하는데 사실이 아니에요.

오랜 역사를 자랑하는 에티오피아인들은 천 년 이상 게즈어에서 이어 온 문자를 지금까지 사용하고 있어요. 기독교와 이슬람교가 평화롭게 공존하고 있는 에티오피아는 유럽의 식민 지배도 받지 않았기 때문에 고유 문자를 보존할 수 있었지요.

태양과 달, 때로는 나무와 별뿐인 사하라 사막에서 투아레그족은 티파나그 문자를 만들었어요. 손가락 끝으로 모래에 그리고, 때로는 나무껍질이나 바위에 새겼지요. 투아레그족은 아랍 문화나 서유럽의 지배를 받지 않은 채 유목민으로서 자신들의 고유 언어와 문자를 지키면서 살아왔어요.

19세기에서 20세기에 걸쳐 아프리카의 많은 지식인은 라틴 문자를 쓰도록 강요하는 열강의 식민 지배에 저항하며 자신들의 언어를 지키고 문자를 발명했어요.
서아프리카 국가인 라이베리아에서 쓰고 있는 바이 문자는 1830년에 모몰루 부켈레가 만들었어요. 바이 문자는 오늘날까지도 사용하고 있지요.
또, 라이베리아의 이웃에 위치한 기니 역시 1949년에 솔로마네 칸테가 웅코 문자를 개발했어요.
1961년에 만들어진 세네갈의 월로프어는 지금도 세네갈은 물론 감비아, 모리타니에서 사용되고 있어요.
어느 나라든 식민 지배에서 벗어나 정치가 안정되어야 자국의 언어를 지켜 낼 수 있답니다.

문자들은 여행을 해요.
영토를 넓히기 위해 다른 민족을 정복하거나
기술이 발전하면서 널리 퍼져 나가기도 하고,
변형되기도 하고, 사라졌다가 다시
나타나기도 하지요.
마야 문자는 이집트 상형 문자처럼
신비한 그림으로 이루어진 문자로,
마야 문명에서 기원전 3세기경부터 사용하다가
16세기에 스페인이 마야 문명을 침략하면서
점차 사라진 문자예요.
하지만 수수께끼로만 남아 있던
마야 문자가 해독되면서 마야 문명의
신비도 밝혀지고 있답니다.

캐나다 북부에 사는 이누이트는 미국의 알래스카와
그린란드 빙하에 흩어진 민족을 하나로 합치기 위해
자신들만의 고유한 문자를 발명했어요.
1976년에 이누크티투트 문자는 공식 문자로
채택되어 조금씩 뿌리를 내리고 있지요.

아메리카를 가로질러 문자 여행

브라질의 거대 도시 상파울루에 가면 이상한
낙서들이 건물 벽면을 뒤덮고 있어요.
이 낙서는 오랜 시간 사람들의 기억에서 잊혔던
게르만족의 룬 문자에서 영감을 얻은 것이에요.
고대 북유럽에서 사용한 문자로 알려진
룬 문자는 브라질에서 멀리 떨어진 덴마크의 록 그룹
음반 재킷을 통해 브라질에 전해졌다고 해요.

:-)

이모티콘은 기호와 글자 등을
섞어 만든 그림 문자예요.
우리의 기분이나 상태를 한번에
전달해 주기 때문에
누구나 쉽고 편하게 사용하지요.
문자가 처음 생겼을 때처럼,
그림으로 뜻을 전한다는 점에서는
마치 역사의 흐름을 거슬러
올라가는 것 같아요.

미래에는 정말 손으로 쓰지 않을까?

오늘날에는 모든 것이 빨라졌어요. 문자도 순식간에 쓸 수 있어요.
휴대 전화의 메시지 화면을 열고 손가락만 움직이면, 보내고 싶은
내용과 관련한 제시어들이 화면 아래로 빠르게 올라오지요.
무슨 말을 할지 미리 다 알고 있기라도 한 것처럼요.
또, 문자를 완성한 뒤에는 다시 읽거나 틀린 글자를 고칠 필요도,
감정을 표현하기 위해 문장을 더 길게 쓸 필요도 없어요.
이모티콘 하나면 충분해요. 우리의 감정과 느낌을
그림으로 손쉽게 표현할 수 있거든요. :-)
하지만 조금 더 천천히 손을 움직이면서 글을 쓴다면 어떨까요?
우리의 생각을 정리하면서 보다 명확한 글쓰기를
할 수 있지 않을까요?

우리는 4,000년 된 설형 문자 점토판,
수많은 사원에 새겨진 비문, 수백 년 전에 쓴 책과 편지 등
아주아주 오래된 문자를 지금도 읽을 수 있어요.
하지만 우리가 매일 쓰는 이메일과 문자 메시지도
수 세기 동안 남아 있을까요?
모든 게 빠르게 달라지고 있어요.
문자도 계속 바뀌고 달라질 거예요.
문자의 모험은 아직 끝나지 않았으니까요.

세계의 다양한 문자

1. 암하라 문자
2. 아랍 문자
3. 아르메니아 문자
4. 벵골 문자
5. 버마 문자
6. 중국 문자(한자)
7. 한국 문자(한글)
8. 키릴 문자
9. 데바나가리 문자

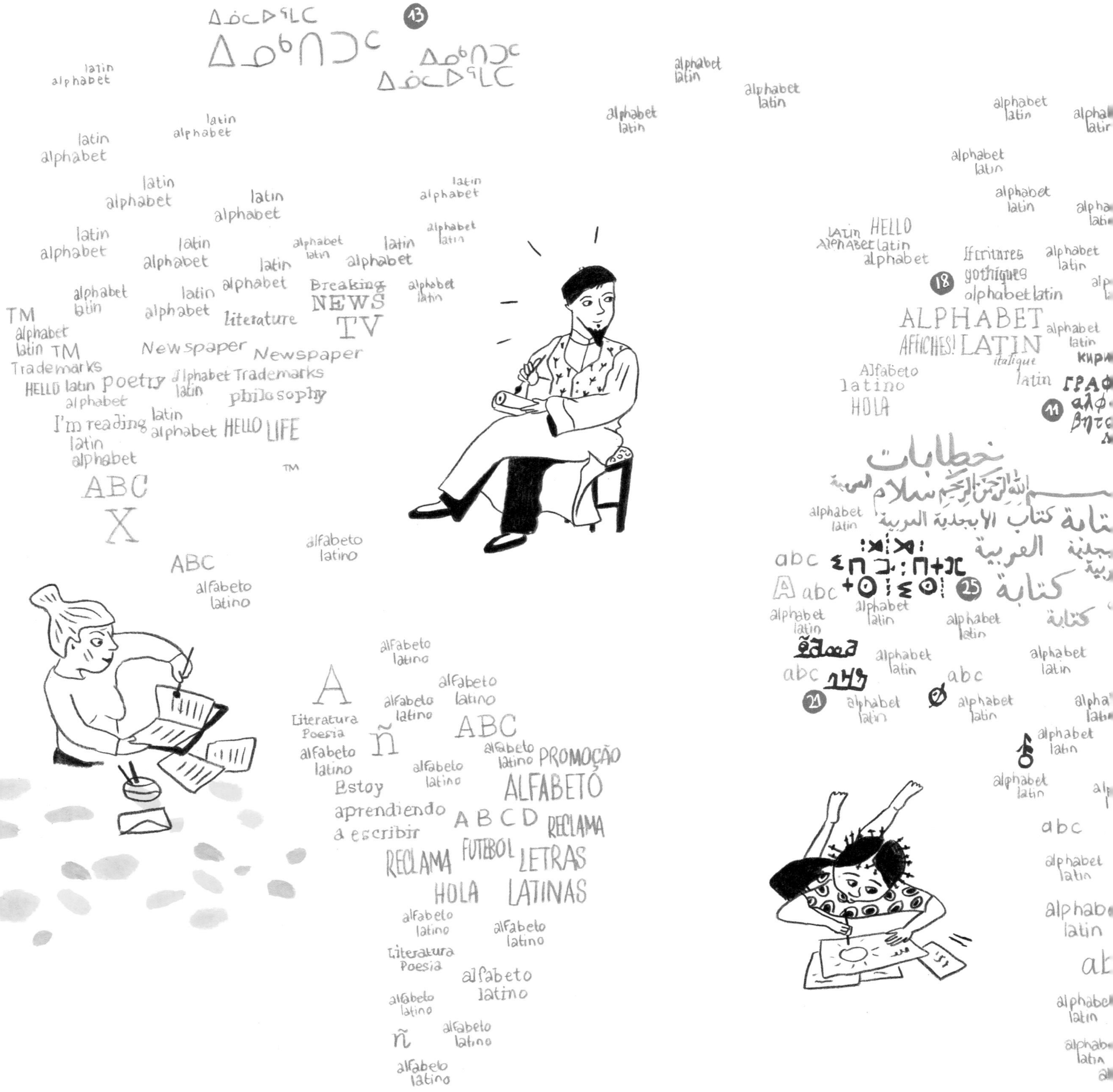

- 10 조지아 문자
- 11 그리스 문자
- 12 히브리 문자
- 13 이누이트 문자
- 14 일본 문자
- 15 자바 문자
- 16 크메르 문자
- 17 라오 문자
- 18 라틴 문자(로마자)
- 19 론타라 문자
- 20 몽골 문자
- 21 응코 문자
- 22 타나 문자
- 23 타이 문자
- 24 티베트 문자
- 25 티피나그 문자
- 26 이 문자

문자 여행은 이게 끝이 아니에요.
우리가 탐험할 문자가 아직도 무궁무진하거든요.
지금도 어디선가 생겨나는 기호와 문자가 있는가 하면,
인류의 기억 속에서 영원히 사라지는 문자도 있으니까요.
수학 기호, 천체 기호, 화폐 기호, 암호 등 수많은
기호뿐만 아니라 상상 속에만 있고
아직 만들어지지 못한 문자도 있을 거예요.
누구나 자신만의 문자를 발명할 수 있어요.
우리도 한번 도전해 보면 어떨까요?

놀라운 문자의 역사

1판 1쇄 2022년 10월 1일 | **1판 2쇄** 2023년 1월 2일

글 로익 르 갈 | **그림** 카린 맹상 | **옮김** 양진희 | **감수** 장영준

펴낸이 김준성 | **펴낸곳** 도서출판 키움

주소 경기도 파주시 회동길 325-16 | www.kwbook.com

전화 02-887-3271,2 | **팩스** 031-941-3273 | **등록** 2003.6.10 (제18-144호)

ISBN 978-89-6274-557-3 63700

※잘못된 책은 구입한 곳에서 바꾸실 수 있습니다.

latin
alphabet
latin
alphabet
latin
alphabet
latin
alphabet
latin
alphabet
latin
alphabet
latin
alphabet
latin
alphabet
alphabet
latin
latin
alphabet
latin
alphabet
alphabet
latin
Breaking
NEWS
TV
alphabet
latin
alphabet
latin
latin
alphabet
alphabet
literature
TM
alphabet
latin TM
Newspaper
Newspaper
Trademarks
HELLO latin poetry
alphabet
alphabet Trademarks
latin
philosophy
I'm reading
latin
alphabet
HELLO LIFE
latin
alphabet
TM
ABC
X
ABC
alfabeto
latino
alfabeto
latino
alphabet
latin
alphabet
latin
alphabet
latin
LATIN HELLO
ALPHABET latin
alphabet
ALP
AFFICHES
Alfabeto
latino
HOLA
alphabet
latin
abc
abc
alphabet
latin
alphabet
latin
alphabet
latin
abc
alphabet
latin
alfabeto
latino
A
alfabeto
latino
alfabeto
latino
Literatura
Poesia
ñ
ABC
alfabeto
latino
alfabeto
latino
PROMOÇÃO
alfabeto
latino
Estoy
aprendiendo
a escribir
ALFABETO
A B C D
RECLAMA
RECLAMA
FUTBOL
LETRAS
HOLA
LATINAS
alfabeto
latino
alfabeto
latino
Literatura
Poesia
alfabeto
latino
alfabeto
latino
ñ
alfabeto
latino
alfabeto
latino